школа - l'école	2
падарожжа - le voyage	5
транспарт - le transport	8
горад - la ville	10
краявід - le paysage	14
рэстаран - le restaurant	17
супермаркет - le supermarché	20
напоі - les boissons	22
ежа - les aliments	23
сядзіба - la ferme	27
дом - la maison	31
жылы пакой - la salle de séjour	33
кухня - la cuisine	35
ванная - la salle de bains	38
дзіцячы пакой - la chambre d'enfant	42
адзенне - les vêtements	44
офіс - le bureau	49
эканоміка - l'économie	51
прафесіі - les professions	53
інструменты - les outils	56
музычныя інструменты - les instruments de musique	57
заапарк - le zoo	59
спорт - les sports	62
дзейнасць - les activités	63
сям'я - la famille	67
цела - le corps	68
шпіталь - l'hôpital	72
экстраная дапамога - l'urgence	76
Зямля - la Terre	77
гадзіннік - l'heure	79
тыдзень - la semaine	80
год - l'année	81
формы - les formes	83
колеры - les couleurs	84
супрацьлегласці - les opposés	85
лічбы - les nombres	88
мовы - les langues	90
хто / што / як - qui / quoi / comment	91
дзе - où	92

Impressum
Verlag: BABADADA GmbH, Nedderfeld 112 , 22529 Hamburg
Geschäftsführer / Verlagsleitung: Harald Hof
Druck: Books on Demand GmbH, In de Tarpen 42, 22848 Norderstedt

Imprint
Publisher: BABADADA GmbH, Nedderfeld 112 , 22529 Hamburg, Germany
Managing Director / Publishing direction: Harald Hof
Print: Books on Demand GmbH, In de Tarpen 42, 22848 Norderstedt

школа
l'école

класны пакой / la salle de classe
дзяліць / diviser
дошка / le tableau
школьны двор / la cour d'école
настаўнік / l'enseignant
папера / le papier
пісаць / écrire
ручка / le stylo
пісьмовы стол / le bureau de travail
лінейка / la règle
кніга / le livre
вучань / l'écolier

ранец
le sac d'écolier

пенал
la trousse

просты аловак
le crayon

тачылка для алоўкаў
le taille-crayon

гумка
la gomme à effacer

альбом для малявання
le bloc de papier à dessin

малюнак

le dessin

пэндзлік

le pinceau

фарбы

la boîte de peintures

нажніцы

les ciseaux

клей

la colle

сшытак

le cahier d'exercices

хатняе заданне

les devoirs

лік

le chiffre

дадаваць

additionner

адымаць

soustraire

множыць

multiplier

лічыць

calculer

літара

la lettre

алфавіт

l'alphabet

слова

le mot

школа - l'école

тэкст
le texte

чытаць
lire

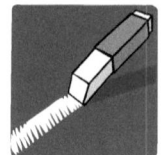
крэйда
la craie

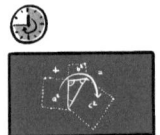
ўрок
la leçon

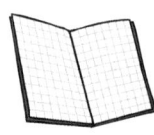
класны журнал
le cahier de notes

экзамен
l'examen

атэстат
le certificat

школьная форма
l'uniforme scolaire

адукацыя
l'éducation

энцыклапедыя
l'encyclopédie

універсітэт
l'université

мікраскоп
le microscope

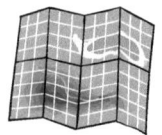
карта
la carte

смеццевы кошык
la corbeille à papier

школа - l'école

падарожжа

le voyage

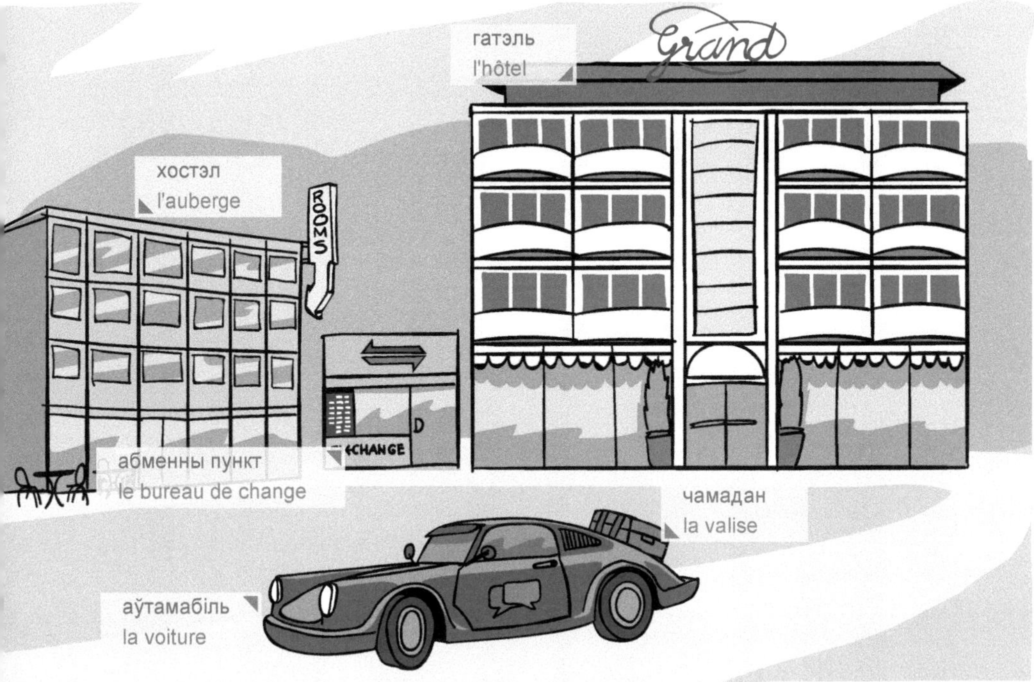

гатэль
l'hôtel
Grand
хостэл
l'auberge
ROOMS
абменны пункт
le bureau de change
CHANGE
чамадан
la valise
аўтамабіль
la voiture

мова

la langue

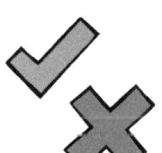

так / не

oui / non

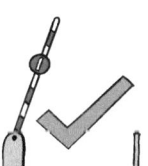

добра

Okay

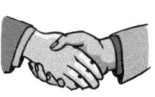

прывітанне!

Allo!

перакладчык

le traducteur

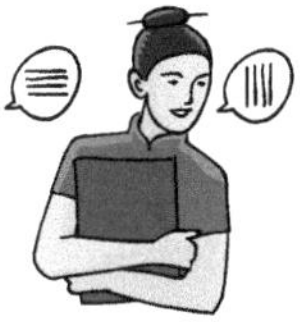

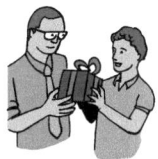

дзякуй

Merci

Колькі каштуе....?
Combien coûte...?

я не разумею
Je ne comprends pas

праблема
le problème

Добры вечар!
Bonsoir !

Добрай раніцы!
Bonjour !

Дабранач!
Bonne nuit !

да пабачэння
bye bye

кірунак
la direction

багаж
les bagages

сумка
le sac

заплечнік
le sac à dos

госць
l'invité

пакой
la pièce

спальны мяшок
le sac de couchage

палатка
la tente

інфармацыя для турыстаў

le bureau d'information touristique

пляж

la plage

крэдытная картка

la carte de crédit

снеданне

le déjeuner

абед

le dîner

вячэра

le souper

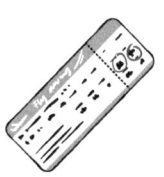

праязны білет

le billet

ліфт

l'ascenseur

паштовая марка

le timbre

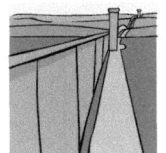

мяжа

la frontière

мытня

la douane

пасольства

l'ambassade

віза

le visa

пашпарт

le passeport

транспарт
le transport

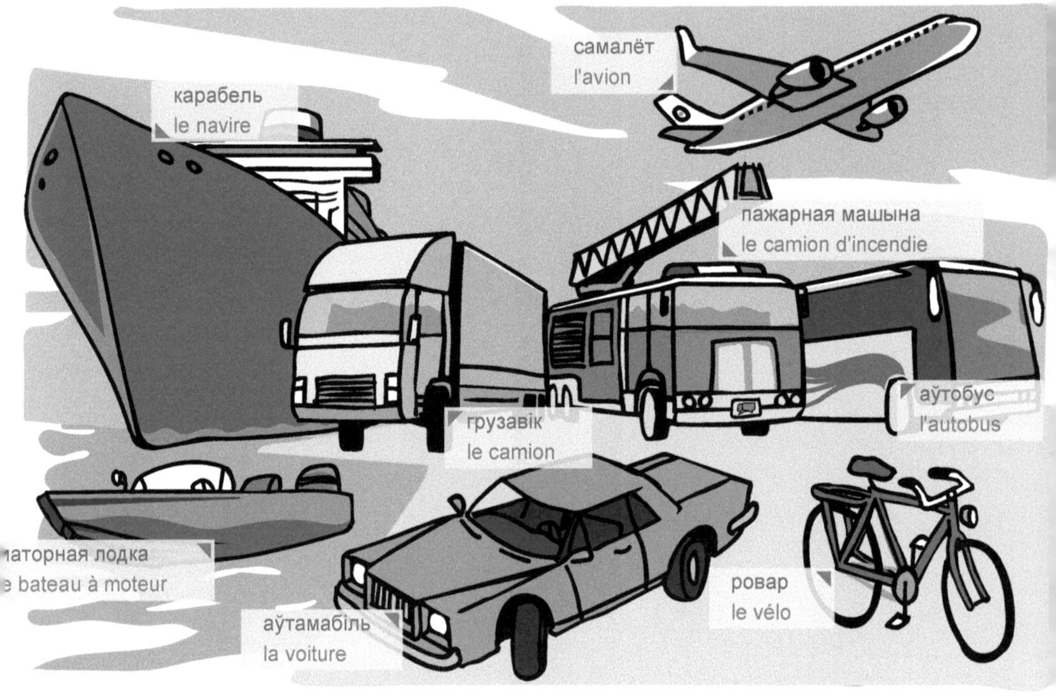

самалёт — l'avion
карабель — le navire
пажарная машына — le camion d'incendie
аўтобус — l'autobus
грузавік — le camion
маторная лодка — le bateau à moteur
аўтамабіль — la voiture
ровар — le vélo

паром
le traversier

лодка
le bateau

матацыкл
la motocyclette

паліцэйская машына
la voiture de police

гоначны аўтамабіль
la voiture de course

арэндаваны аўтамабіль
la voiture de location

сумеснае карыстанне аўтамабілем

l'autopartage

эвакуатар

la dépanneuse

смеццявоз

le camion à ordures

матор

le moteur

паліва

le carburant

заправка

la station-service

дарожны знак

le panneau de signalisation

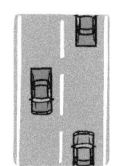

дарожны рух

la circulation

затор

l'embouteillage

паркоўка

le parc de stationnement

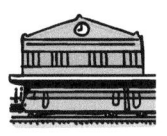

чыгуначная станцыя

la gare

рэйкі

les voies ferrées

цягнік

le train

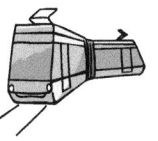

трамвай

le tramway

вагон

le wagon

верталёт
l'hélicoptère

аэрапорт
l'aéroport

вежа
la tour

пасажыр
le passager

кантэйнер
le conteneur

кардонная скрыня
la boîte en carton

тачка
le chariot

карзіна
le panier

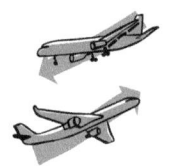
ўзлятаць / прызямляцца
décoller / atterrir

горад
la ville

вёска
le village

цэнтр горада
le centre-ville

дом
la maison

кінатэатр
le cinéma

рэклама
l'annonce publicitaire

вулічны ліхтар
le réverbère

вуліца
la rue

таксі
le taxi

пешаход
le piéton

кіёск
le kiosque de vente à emporter

тратуар
le trottoir

пешаходны пераход
le passage pour piétons

сметніца
le bac à ordures

скрыжаванне
l'intersection

светлафор
les feux de circulation

халупа
la cabane

кватэра
l'appartement

чыгуначная станцыя
la gare

ратуша
l'hôtel de ville

музей
le musée

школа
l'école

горад - la ville

універсітэт
l'université

банк
la banque

шпіталь
l'hôpital

гатэль
l'hôtel

аптэка
la pharmacie

офіс
le bureau

кнігарня
la librairie

крама
le magasin

кветкавая крама
le fleuriste

супермаркет
le supermarché

кірмаш
le marché

універмаг
le grand magasin

рыбная крама
la poissonnerie

гандлевы цэнтр
le centre commercial

порт
le port

горад - la ville

парк le parc	лава le banc	мост le pont

лесвіца les escaliers	метро le métro	тунэль le tunnel
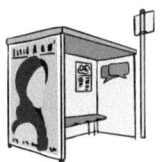		
прыпынак l'arrêt d'autobus	бар le bar	рэстаран le restaurant
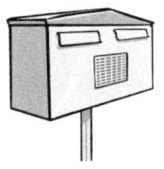		
паштовая скрыня la boîte à lettres	вулічны паказальнік la plaque de rue	паркамат le parcomètre

заапарк le zoo	басейн les bains publics	мячэць la mosquée

сядзіба
la ferme

забруджванне навакольнага асяроддзя
la pollution

могілкі
le cimetière

царква
l'église

пляцоўка для гульні
l'aire de jeux

храм
le temple

краявід
le paysage

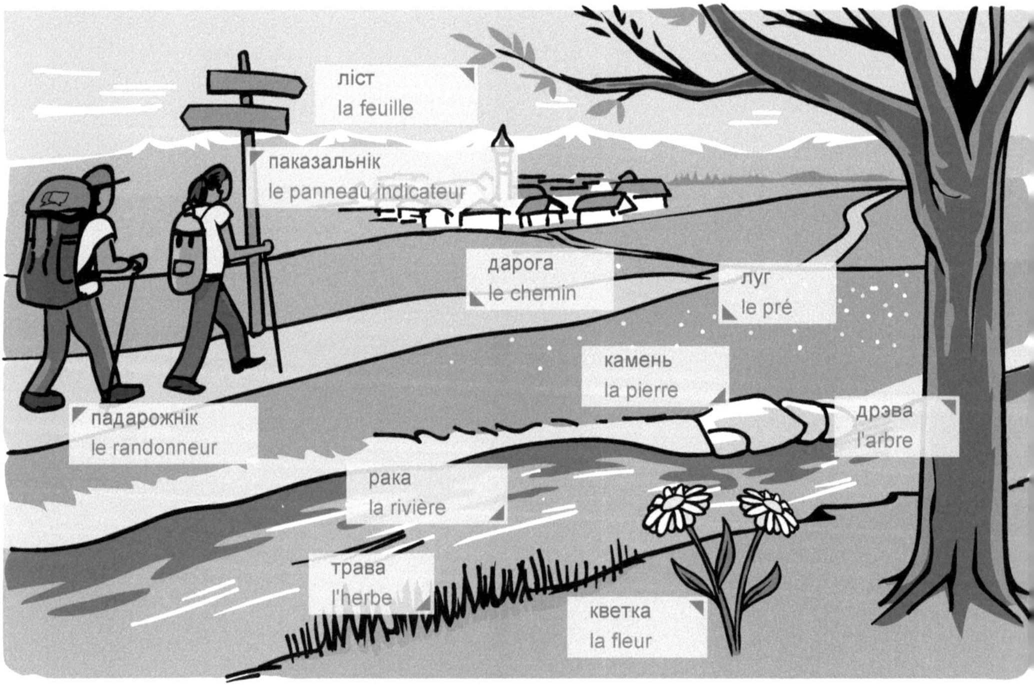

- ліст — la feuille
- паказальнік — le panneau indicateur
- дарога — le chemin
- луг — le pré
- камень — la pierre
- дрэва — l'arbre
- падарожнік — le randonneur
- рака — la rivière
- трава — l'herbe
- кветка — la fleur

даліна

la vallée

гара

la colline

возера

le lac

лес

la forêt

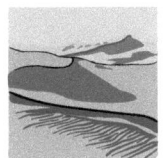

пустыня

le désert

вулкан

le volcan

замак

le château

вясёлка

l'arc-en-ciel

грыб

le champignon

пальма

le palmier

камар

le moustique

муха

la mouche

мурашка

la fourmi

пчала

l'abeille

павук

l'araignée

краявід - le paysage

жук
le scarabée

жаба
la grenouille

вавёрка
l'écureuil

вожык
le hérisson

заяц
le lièvre

сава
la chouette

птушка
l'oiseau

лебедзь
le cygne

дзік
le sanglier

алень
le cerf

лось
l'orignal

пляціна
le barrage

вятрак
l'éolienne

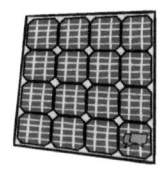
сонечная батарэя
le panneau solaire

клімат
le climat

краявід - le paysage

рэстаран
le restaurant

- афіцыянт / le serveur
- меню / le menu
- крэсла / la chaise
- суп / la soupe
- піца / la pizza
- сталовыя прыборы / la coutellerie
- абрус / la nappe

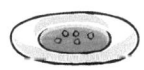

закуска
les hors-d'œuvre

другая страва
le plat principal

дэсерт
le dessert

напоі
les boissons

ежа
les aliments

бутэлька
la bouteille

хуткае харчаванне (фаст-фуд)

la restauration rapide

стрыт-фуд

la cuisine de rue

імбрык (чайнік)

la théière

цукарніца

le sucrier

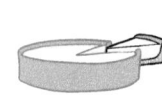

порцыя

la part

эспрэса-машына

la machine à expresso

дзіцячае крэселка

la chaise haute d'enfant

рахунак

la facture

паднос

le plateau

нож

le couteau

відэлец

la fourchette

лыжка

la cuillère

чайная лыжка

la cuillère à thé

сурвэтка

la serviette

шклянка

le verre

18   рэстаран - le restaurant

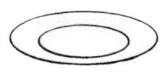

талерка

l'assiette

супавая талерка

l'assiette creuse

сподак

la soucoupe

соус

la sauce

сальніца

la salière

млынок для перцу

le moulin à poivre

воцат

le vinaigre

алей

l'huile

спецыі

les épices

кетчуп

le ketchup

гарчыца

la moutarde

маянэз

la mayonnaise

рэстаран - le restaurant

супермаркет
le supermarché

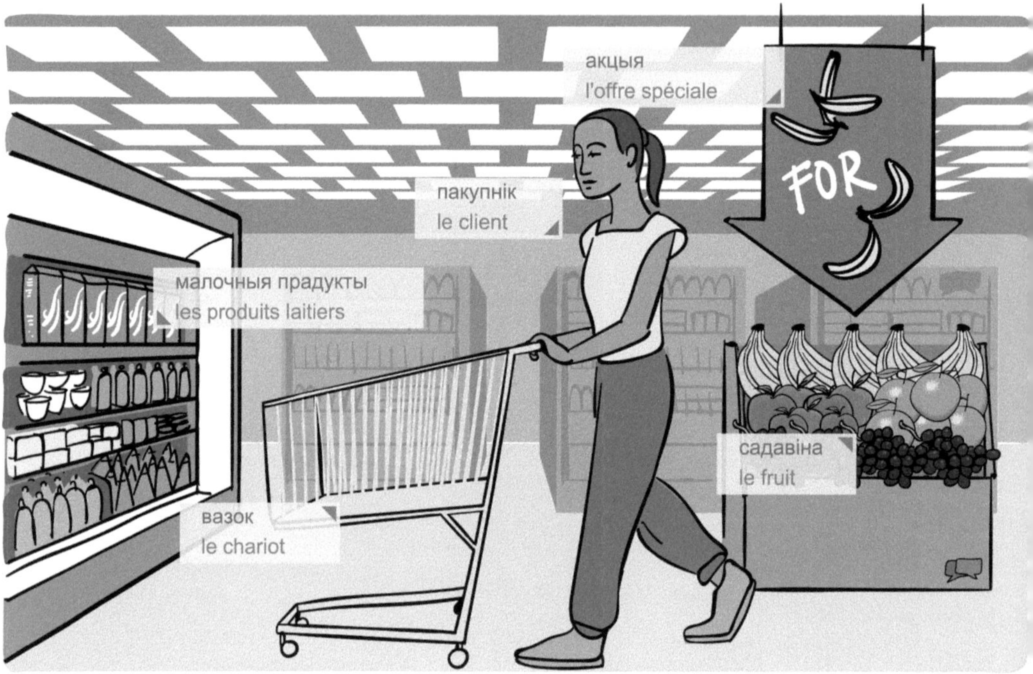

акцыя
l'offre spéciale
FOR
пакупнік
le client
малочныя прадукты
les produits laitiers
садавіна
le fruit
вазок
le chariot

BUTCHERS

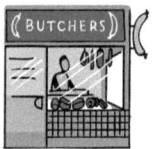

мясная крама

la boucherie

BAKERY

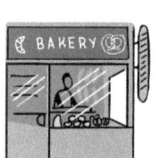

хлебны магазін

la boulangerie

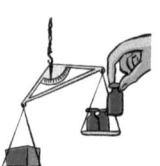

важыць

peser

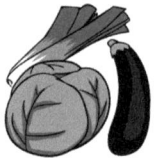

гародніна

les légumes

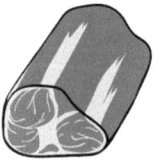

мяса

la viande

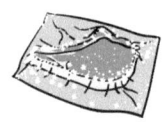

свежазамарожаныя прадукты

les aliments congelés

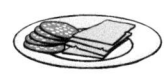

нарэзка

les viandes froides

кансервы

les conserves

пральны парашок

le détergent à lessive en poudre

прысмакі

les sucreries

хатнія прылады

les produits d'entretien ménager

чысцячы сродак

les produits d'entretien

прадавец

la vendeuse

каса

la caisse

касір

le caissier

спіс пакупак

la liste de provisions

гадзіны працы

les heures d'ouverture

бумажнік

le portefeuille

крэдытная картка

la carte de crédit

сумка

le sac

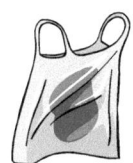

пакет

le sac plastique

супермаркет - le supermarché

напоі
les boissons

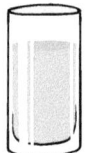

вада

l'eau

сок

le jus

малако

le lait

кола

le cola

віно

le vin

піва

la bière

алкаголь

l'alcool

какава

le cacao

гарбата (чай)

le thé

кава

le café

эспрэса

l'expresso

капучына

le cappuccino

ежа
les aliments

банан
la banane

яблык
la pomme

апельсін
l'orange

дыня
le melon d'eau

лімон
le citron.

морква
la carotte

часнок
l'ail

бамбук
le bambou

цыбуля
l'oignon

грыб
le champignon

арэхі
les noix

локшына
les nouilles

спагеці	рыс	салата
les spaghettis	le riz	la salade

бульба фры	смажаная бульба	піца
les frites	les pommes de terre sautées	la pizza

гамбургер	бутэрброд	шніцаль
le hamburger	le sandwich	l'escalope

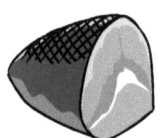

вяндліна	салямі	каўбаса
le jambon	le salami	la saucisse

курыца	смажаніна	рыбак
le poulet	le rôti	le poisson

ежа - les aliments

аўсяныя камякі

le gruau d'avoine

мюслі

le muesli

кукурузныя шматкі

les flocons de maïs

мука

la farine

круасан

le croissant

булачка

le petit pain

хлеб

le pain

тост

la rôtie

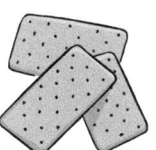

пячэнне

les biscuits

масла

le beurre

тварог

le caillé

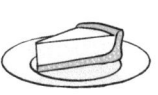

пірог

le gâteau

яйка

l'œuf

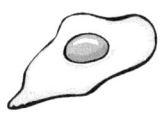

яечня

l'œuf miroir

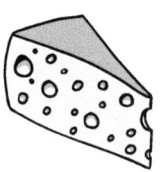

сыр

le fromage

ежа - les aliments

марожанае
la crème glacée

цукар
le sucre

мёд
le miel

варэнне
la confiture

нуга
la crème de nougat

кары
le cari

сядзіба
la ferme

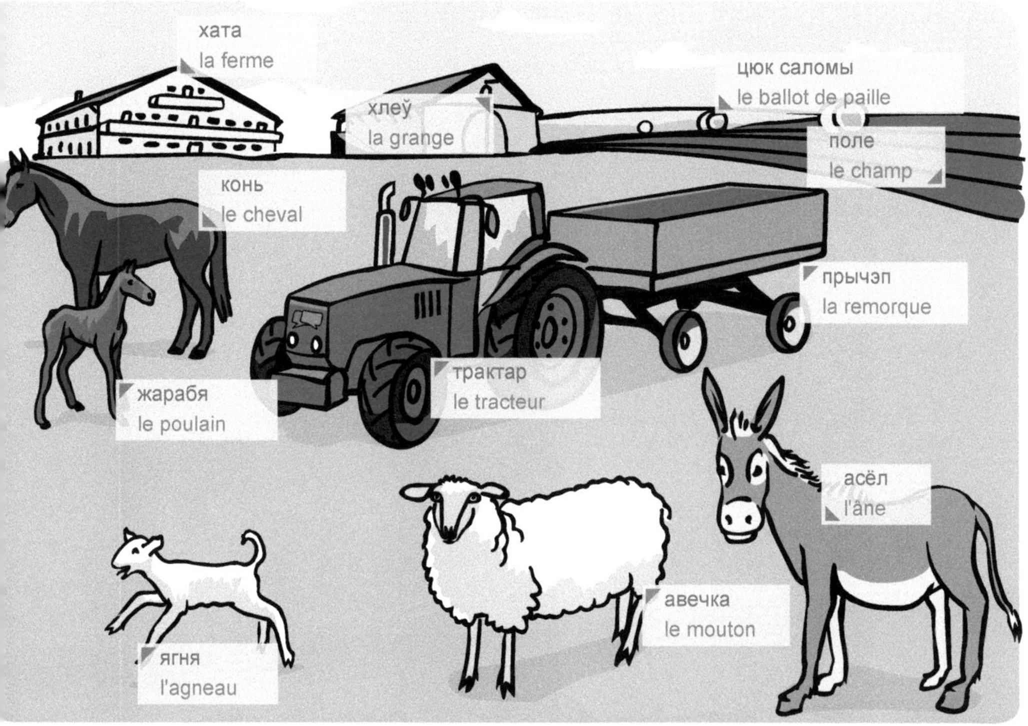

хата — la ferme
цюк саломы — le ballot de paille
хлеў — la grange
поле — le champ
конь — le cheval
прычэп — la remorque
жарабя — le poulain
трактар — le tracteur
асёл — l'âne
авечка — le mouton
ягня — l'agneau

каза
la chèvre

карова
la vache

цяля
le veau

свіння
le porc

парася
le porcelet

бык
le taureau

гусак
l'oie

качка
le canard

кураня
le poussin

курыца
la poule

певень
le coq

пацук
le rat

кот
le chat

мыш
la souris

вол
le bœuf

сабака
le chien

сабачая будка
la niche

садовы шланг
le tuyau d'arrosage

палівачка
l'arrosoir

каса
la faux

плуг
la charrue

сядзіба - la ferme

серп

la faucille

матыка

la binette

вілы для гною

la fourche à foin

сякера

la hache

тачка

la brouette

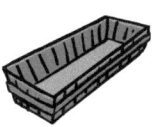

карыта

l'auge

бітон для малака

le pot à lait

мех

le grand sac

плот

la clôture

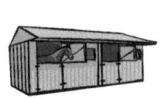

хлеў

l'écurie

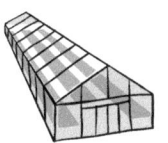

цяпліца

la serre

глеба

le sol

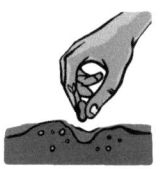

насенне

les graines

угнаенне

l'engrais

камбайн

la moissonneuse-batteuse

сядзіба - la ferme

збіраць ураджай

récolter

ураджай

la récolte

ямс

l'igname

пшаніца

le blé

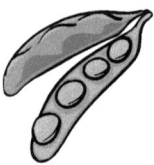

соя

le soja

бульба

la pomme de terre

кукуруза

le maïs

рапс

la graine de colza

садовае дрэва

l'arbre fruitier

маніёк

le manioc

збожжа

les grains

сядзіба - la ferme

дом
la maison

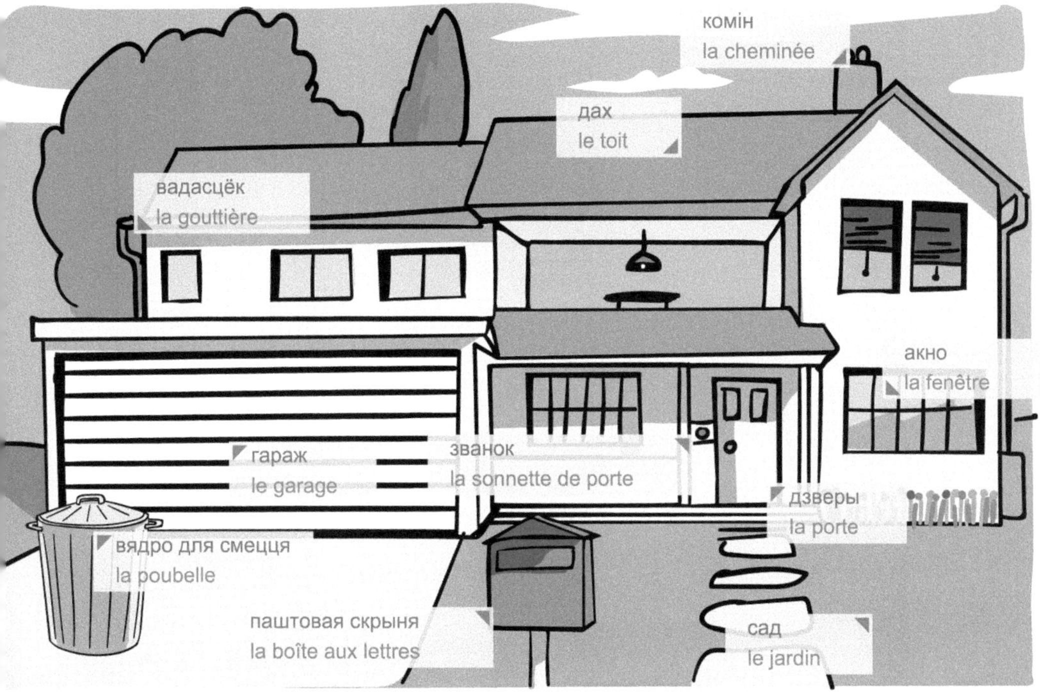

комін
la cheminée

дах
le toit

вадасцёк
la gouttière

акно
la fenêtre

гараж
le garage

званок
la sonnette de porte

дзверы
la porte

вядро для смецця
la poubelle

паштовая скрыня
la boîte aux lettres

сад
le jardin

жылы пакой

la salle de séjour

ванная

la salle de bains

кухня

la cuisine

спальны пакой

la chambre à coucher

дзіцячы пакой

la chambre d'enfant

сталоўка

la salle à manger

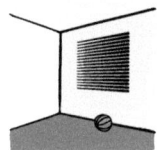

падлога

le plancher

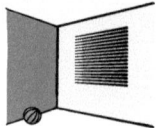

сцяна

le mur

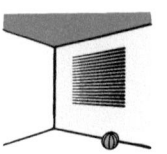

столь

le plafond

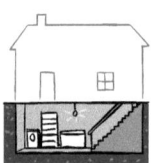

падвал

le cellier

саўна

le sauna

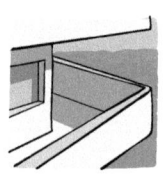

балкон

le balcon

тэраса

la terrasse

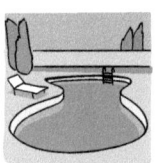

басейн

la piscine

касілка

la tondeuse à gazon

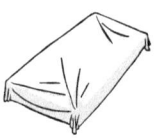

падкоўдранік

le drap

коўдра

le jeté de lit

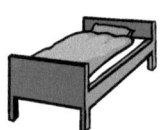

ложак

le lit

венік

le balai

вядро

le seau

выключальнік

l'interrupteur

дом - la maison

жылы пакой
la salle de séjour

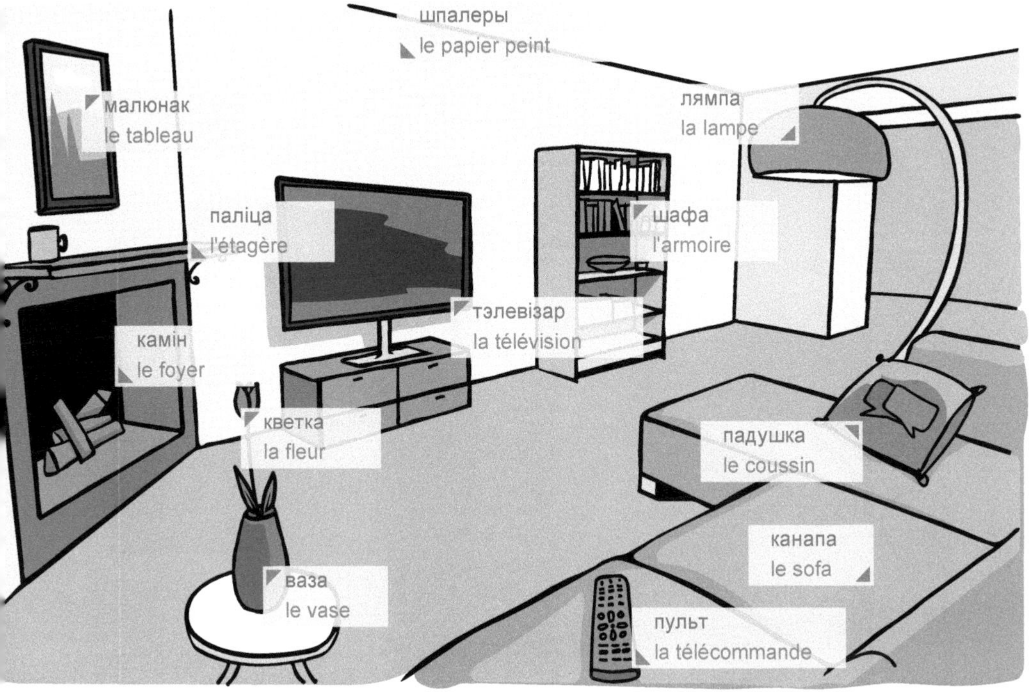

- шпалеры — le papier peint
- малюнак — le tableau
- лямпа — la lampe
- паліца — l'étagère
- шафа — l'armoire
- камін — le foyer
- тэлевізар — la télévision
- кветка — la fleur
- падушка — le coussin
- ваза — le vase
- канапа — le sofa
- пульт — la télécommande

дыван

le tapis

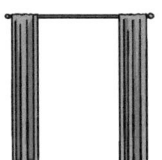

фіранка

le rideau

стол

la table

крэсла

la chaise

крэсла-качалка

la berceuse

крэсла

le fauteuil

кніга

le livre

коўдра

la couverte

дэкарацыя

la décoration

дровы

le bois de chauffage

кіно

le film

стэрэасістэма

la chaîne hi-fi

ключ

la clé

газета

le journal

карціна

la peinture

постар

l'affiche

радыё

la radio

нататнік

le bloc-notes

пыласос

l'aspirateur

кактус

le cactus

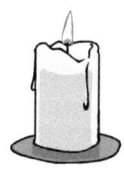

свечка

la chandelle

кухня
la cuisine

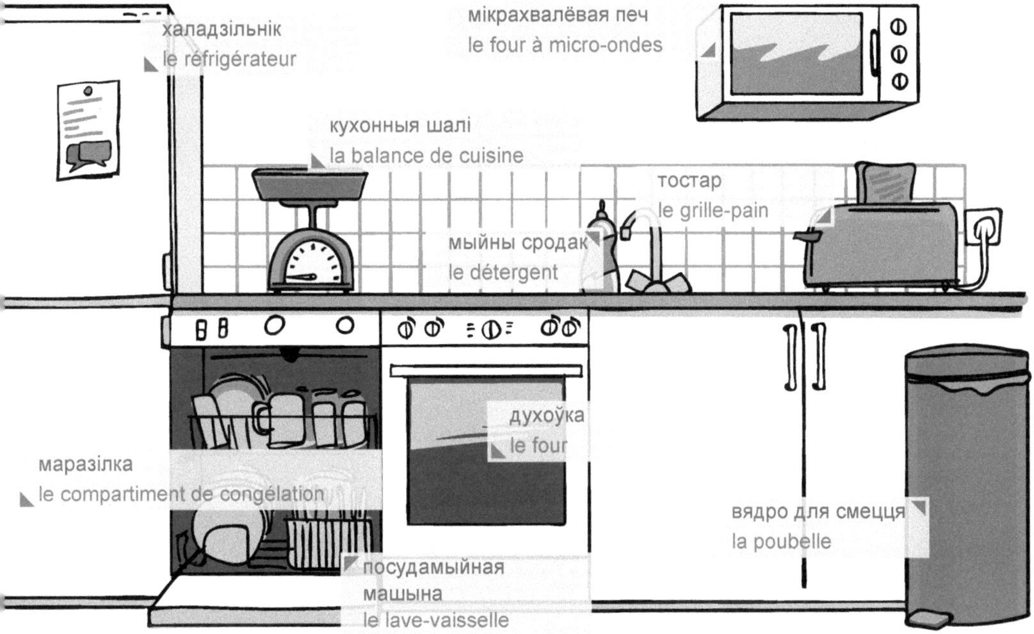

халадзільнік
le réfrigérateur

мікрахвалёвая печ
le four à micro-ondes

кухонныя шалі
la balance de cuisine

тостар
le grille-pain

мыйны сродак
le détergent

духоўка
le four

маразілка
le compartiment de congélation

вядро для смецця
la poubelle

посудамыйная машына
le lave-vaisselle

пліта
la cuisinière

рондаль
la marmite

чыгунок
la cocotte en fonte

Вок / кадаі
le wok/kadai

патэльня
la poêle

чайнік
la bouilloire

пaраварка
le cuiseur à vapeur

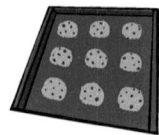
бляха
la plaque à patisserie

посуд
la vaisselle

кубак
la grande tasse

міска
le bol

палачкі для ежы
les baguettes

чарпак
la louche

лапатачка
la spatule

збівалка
le fouet

сіта для варэння
la passoire

сіта
le tamis

тарка
la râpe

ступка
le mortier

грыль
le barbecue

вогнішча
le foyer

кухня - la cuisine

дошка

la planche à découper

качалка

le rouleau à pâtisserie

штопар

le tire-bouchon

бляшанка

la boîte à conserves

адкрывалка

l'ouvre-boîte

прыхваткі

la mitaine de four

ракавіна

l'évier

шчотка

la brosse

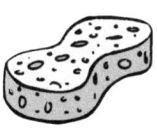

губка

l'éponge

міксер

le mélangeur

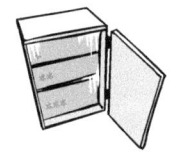

маразільная камера

le congélateur

бутэлечка

le biberon

вадаправодны кран

le robinet

кухня - la cuisine

ванная
la salle de bains

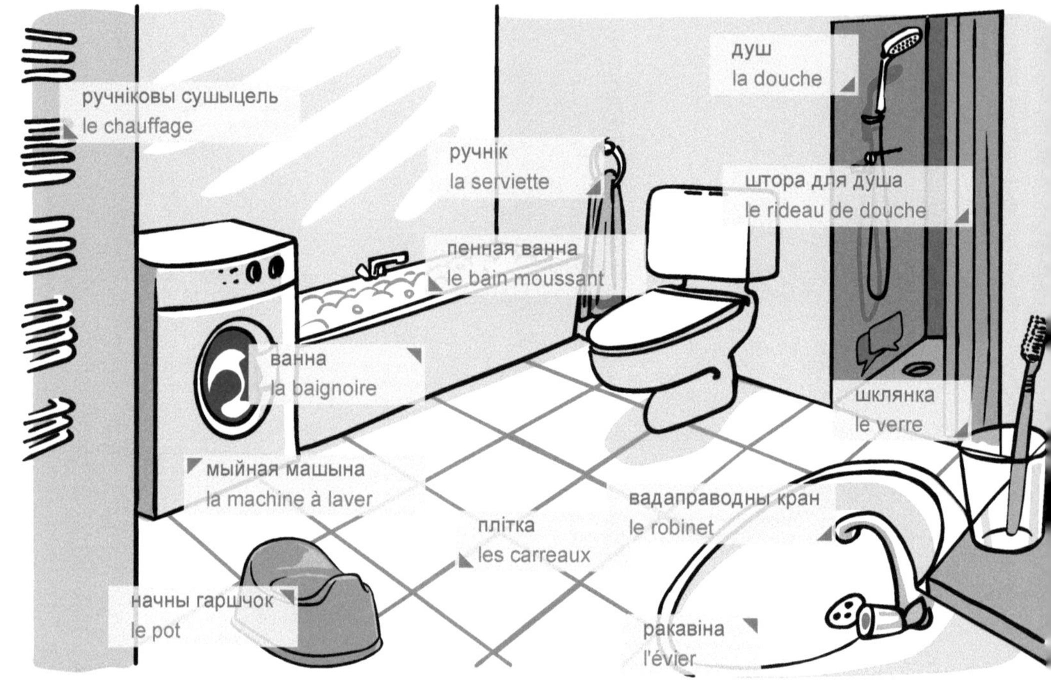

- ручнiковы сушыцель — le chauffage
- душ — la douche
- ручнiк — la serviette
- штора для душа — le rideau de douche
- пенная ванна — le bain moussant
- ванна — la baignoire
- шклянка — le verre
- мыйная машына — la machine à laver
- плiтка — les carreaux
- вадаправодны кран — le robinet
- начны гаршчок — le pot
- ракавiна — l'évier

туалет
la toilette

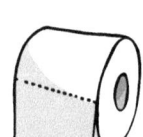

падлогавы ўнiтаз
la toilette turque

бiдэ
le bidet

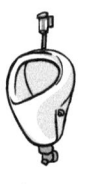

пiсуар
l'urinoir

туалетная папера
le papier hygiénique

шчотка для чысткi ўнiтаза
la brosse à toilette

зубная шчотка
la brosse à dents

зубная паста
le dentifrice

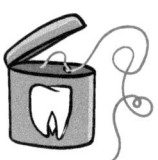
зубная нітка
la soie dentaire

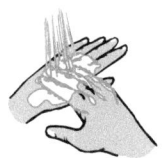
мыць
laver

ручны душ
la douchette

інтымны душ
la douche vaginale

умывальнік
la cuvette

шчотка для спіны
la brosse pour le dos

мыла
le savon

гель для душа
le gel douche

шампунь
le shampooing

вяхотка
la débarbouillette

вадасцёк
le drain

крэм
la crème

дэзадарант
le déodorant

ванная - la salle de bains

люстэрка

le miroir

касметычнае люстэрка

le miroir à main

станок для галення

le rasoir

пена для галення

la mousse à raser

ласьён пасля галення

l'après-rasage

грэбень

le peigne

шчотка

la brosse

фен

le sèche-cheveux

лак для валасоў

la laque

касметыка

le maquillage

памада

le rouge à lèvres

лак для пазногцяў

le vernis à ongles

вата

l'ouate

манікюрныя нажніцы

les ciseaux à ongles

духі

le parfum

ванная - la salle de bains

касметычка
la trousse de toilette

табурэтка
le tabouret

вагі
le pèse-personne

лазневы халат
le peignoir

санітарныя пальчаткі
les gants de caoutchouc

тампон
le tampon

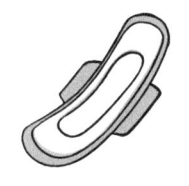
гігіенічныя пракладкі
les serviettes hygiéniques

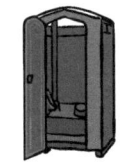
біятуалет
la toilette chimique

ванная - la salle de bains

дзіцячы пакой

la chambre d'enfant

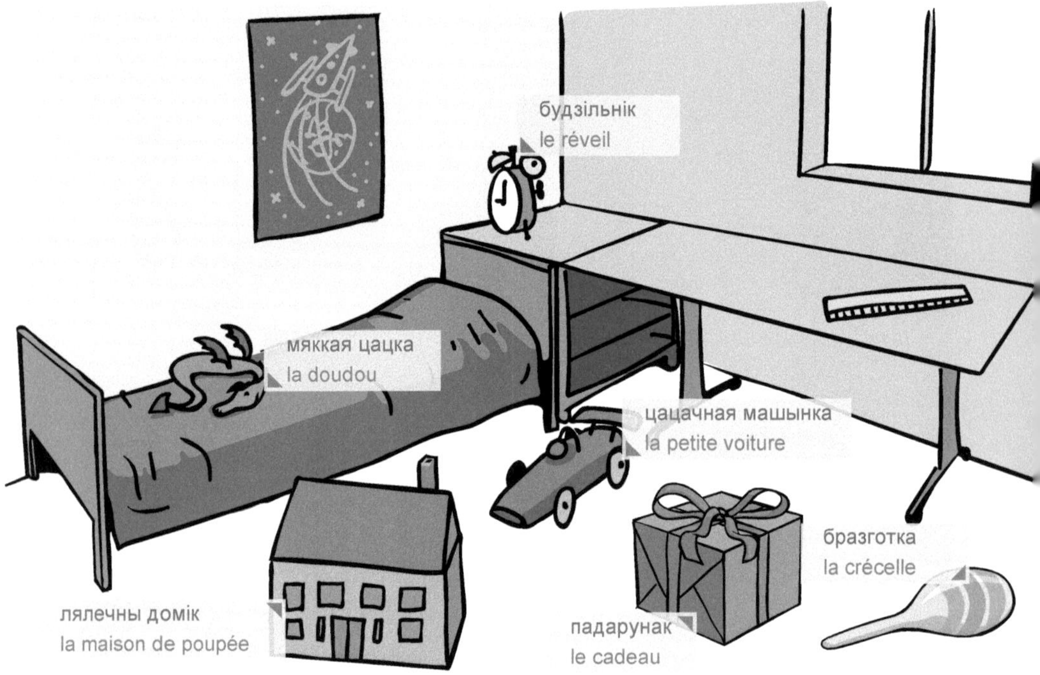

будзільнік
le réveil
мяккая цацка
la doudou
цацачная машынка
la petite voiture
бразготка
la crécelle
лялечны домік
la maison de poupée
падарунак
le cadeau

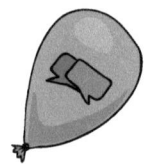

надзіманы шарык

le ballon

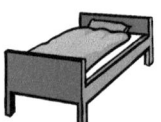

ложак

le lit

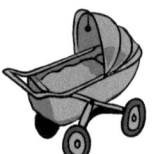

дзіцячая каляска

le landau

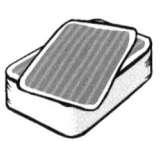

калода картаў

le jeu de cartes

пазл

le casse-tête

SUPER
MEGA

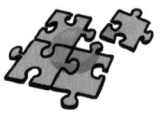

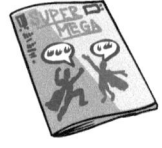

комікс

la bande dessinée

канструктар "Лега"
les blocs LEGO

канструктар
le jeu de briques

экшэн-фігурка
la figurine articulée

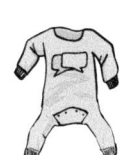

дзіцячы гарнітур
la dormeuse

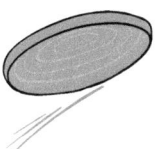

фрызбі
le disque volant

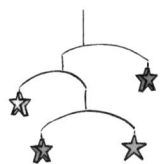

дзіцячы мабіль
le mobile

настольная гульня
le jeu de société

кубік
le dé

дзіцячая чыгунка
l'ensemble de modèles de train

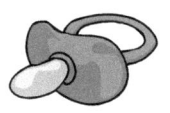

пустышка
le mannequin

дзіцячае свята
la fête

кніга з малюнкамі
le livre d'images

мячык
la balle

лялька
la poupée

гуляцца
jouer

дзіцячы пакой - la chambre d'enfant

пясочніца
le bac à sable

арэлі
la balançoire

цацкі
les jouets

гульнявая відэа прыстаўка
la console de jeu vidéo

трохколавы ровар
le tricycle

плюшавы мішка
l'ours en peluche

шафа
la garde-robe

адзенне
les vêtements

шкарпэткі
les chaussettes

панчохі
les bas

калготкі
le collant

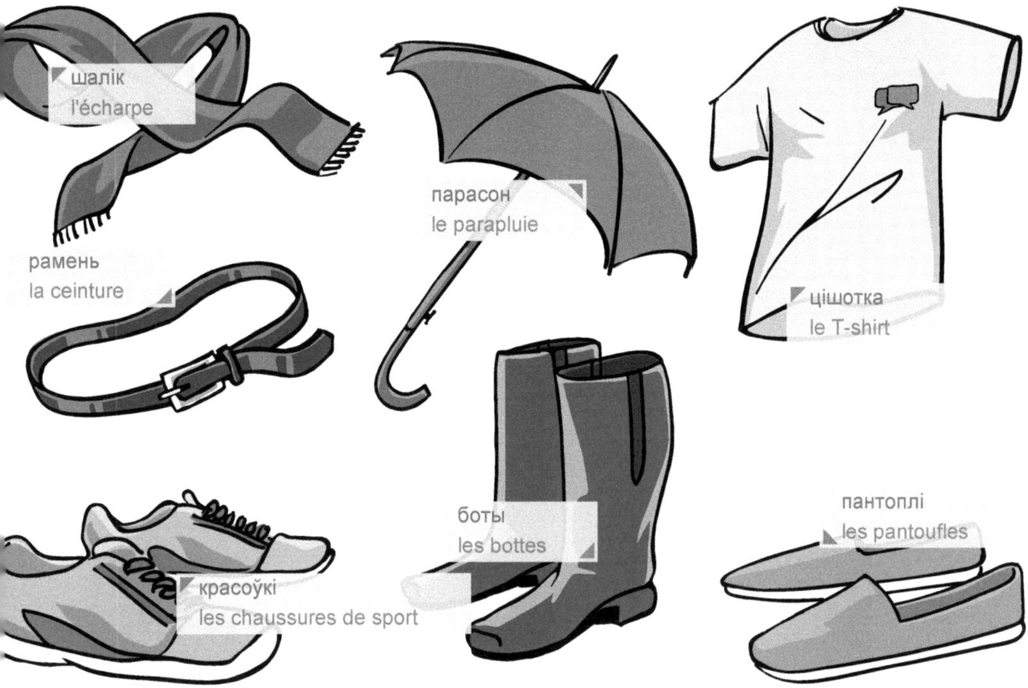

шалік
l'écharpe

рамень
la ceinture

парасон
le parapluie

цішотка
le T-shirt

боты
les bottes

пантоплі
les pantoufles

красоўкі
les chaussures de sport

сандалі
les sandales

абутак
les souliers

гумовыя боты
les bottes de caoutchouc

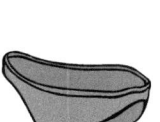

трусы
les sous-vêtements

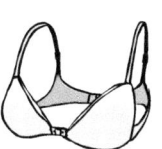

бюстгальтар
le soutien-gorge

майка
le gilet

адзенне - les vêtements

бодзі

le body

штаны

le pantalon

джынсы

le jean

спадніца

la jupe

блузка

le chemisier

кашуля

la chemise

джэмпер

le chandail

талстоўка

le chandail à capuche

блэйзер

le blazer

куртка

la veste

паліто

le manteau

дажджавік

le manteau de pluie

касцюм

le complet

сукенка

la robe

вясельная сукенка

la robe de mariée

46   адзенне - les vêtements

касцюм

le tailleur

начная сарочка

la chemise de nuit

піжама

le pyjama

сары

le sari

хустка

le foulard

цюрбан

le turban

паранджа

la burqa

каптан

le cafetan

Абая

l'abaya

купальнік

le maillot de bain

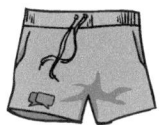

плаўкі

le maillot short

шорты

la culotte courte

спартыўны касцюм

le survêtement

фартух

le tablier

пальчаткі

les mitaines

гузік

le bouton

акуляры

les lunettes

бранзалет

le bracelet

каралі

le collier

кальцо

la bague

завушніца

la boucle d'oreille

кепка

la tuque

вешалка

le cintre

капялюш

le chapeau

гальштук

la cravate

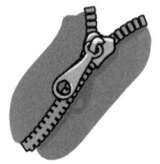

маланка

la fermeture à glissière

шлем

le casque

падцяжкі

les bretelles

школьная форма

l'uniforme scolaire

уніформа

l'uniforme

адзенне - les vêtements

нагруднік
le bavoir

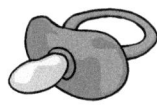
пустышка
le mannequin

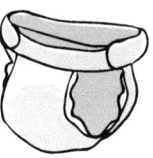
падгузнік
la couche

офіс
le bureau

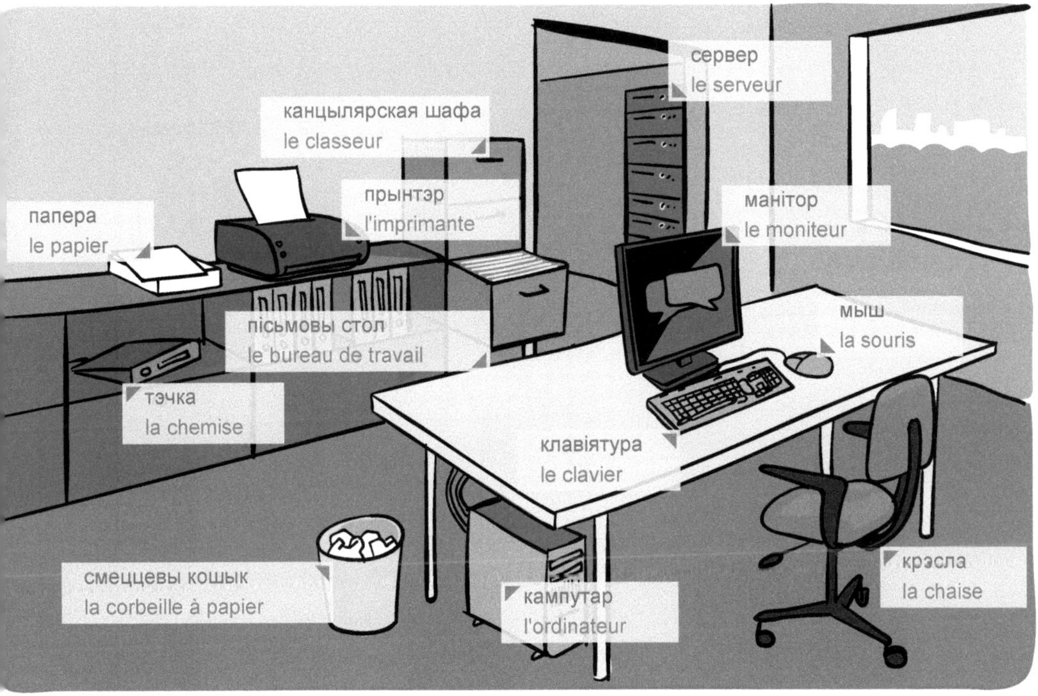

- канцылярская шафа — le classeur
- сервер — le serveur
- прынтэр — l'imprimante
- манітор — le moniteur
- папера — le papier
- пісьмовы стол — le bureau de travail
- мыш — la souris
- тэчка — la chemise
- клавіятура — le clavier
- смеццевы кошык — la corbeille à papier
- кампутар — l'ordinateur
- крэсла — la chaise

кубак для кавы (філіжанка)
la grande tasse à café

калькулятар
la calculatrice

інтэрнэт
l'Internet

ноўтбук

l'ordinateur portable

ліст

la lettre

паведамленне

le message

мабільны тэлефон

le téléphone cellulaire

сетка

le réseau

ксеракс

le photocopieur

праграмнае забеспячэнне

le logiciel

тэлефон

le téléphone

разетка

la prise de courant

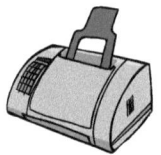

факс

le télécopieur

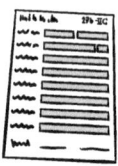

фармуляр

le formulaire

дакумент

le document

эканоміка
l'économie

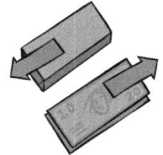
купляць
acheter

плаціць
payer

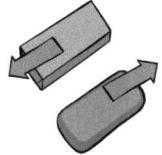
гандляваць
commercer

грошы
l'argent

долар
le dollar

еўра
l'euro

ена
le yen

рубель
le rouble

франк
le franc suisse

кітайскі юань
le renminbi yuan

рупія
la roupie

банкамат
le distributeur de billets

абменны пункт
le bureau de change

золата
l'or

срэбра
l'argent

нафта
le pétrole

энергія
l'énergie

цана
le prix

кантракт
le contrat

падатак
la taxe

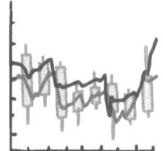
акцыя
les actions

працаваць
travailler

служачы
l'employé

працадаўца
l'employeur

фабрыка
l'usine

крама
le magasin

эканоміка - l'économie

прафесіі
les professions

паліцыянт
l'agent de police

пажарны
le pompier

кухар
le cuisinier

доктар
le docteur

пілот
le pilote

садоўнік
le jardinier

слесар
le charpentier

швачка
le couturier

суддзя
le juge

хімік
le pharmacien

артыст
l'acteur

кіроўца аўтобуса
le chauffeur d'autobus

таксіст
le chauffeur de taxi

рыбак
le pêcheur

прыбіральшчыца
la femme de ménage

страхар
le couvreur

афіцыянт
le serveur

паляўнічы
le chasseur

мастак
le peintre

пекар
le boulanger

электрык
l'électricien

будаўнік
le constructeur de bâtiments

інжынер
l'ingénieur

мяснік
le boucher

сантэхнік
le plombier

паштальён
le facteur

прафесіі - les professions

салдат

le soldat

архітэктар

l'architecte

касір

le caissier

фларыст

le fleuriste

цырульнік

le coiffeur

кандуктар

le chef de train

механік

le mécanicien

капітан

le capitaine

стаматолаг

le dentiste

вучоны

le scientifique

рабін

le rabbin

імам

l'imam

манах

le moine

святар

l'ecclésiastique

прафесіі - les professions

інструменты
les outils

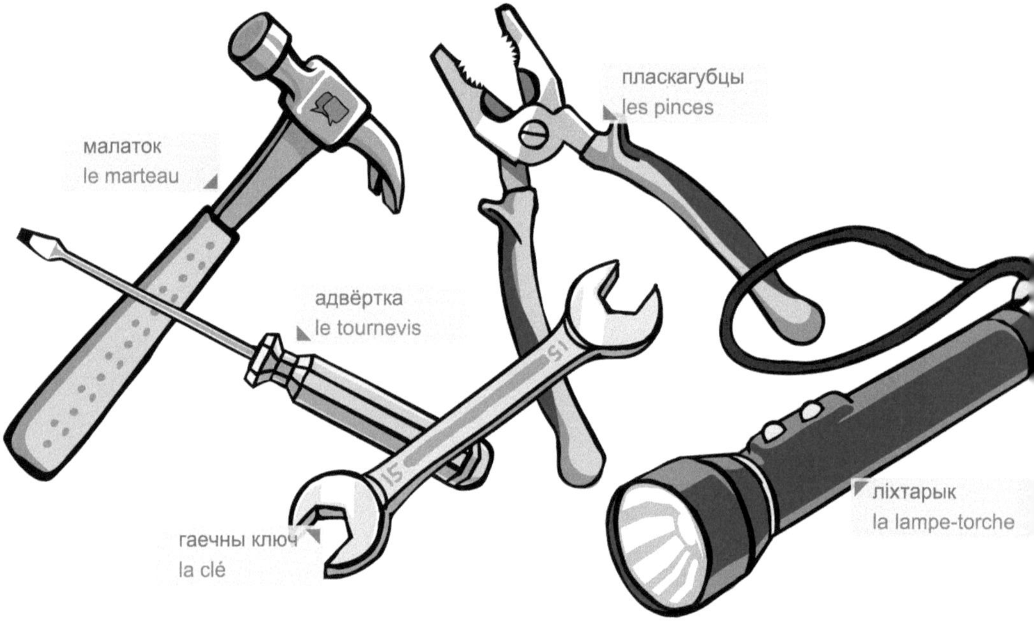

малаток
le marteau

пласкагубцы
les pinces

адвёртка
le tournevis

гаечны ключ
la clé

ліхтарык
la lampe-torche

экскаватар
l'excavatrice

скрыня для інструментаў
la boîte à outils

драбіны
l'échelle

піла
la scie

цвікі
les clous

дрыль
la perceuse

рамантаваць
réparer

рыдлеўка
la pelle

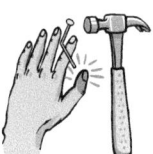
Халера!
Tabarnouche !

шуфлік для смецця
la pelle à poussière

вядро з фарбаю
le pot de peinture

балты
les vis

музычныя інструменты
les instruments de musique

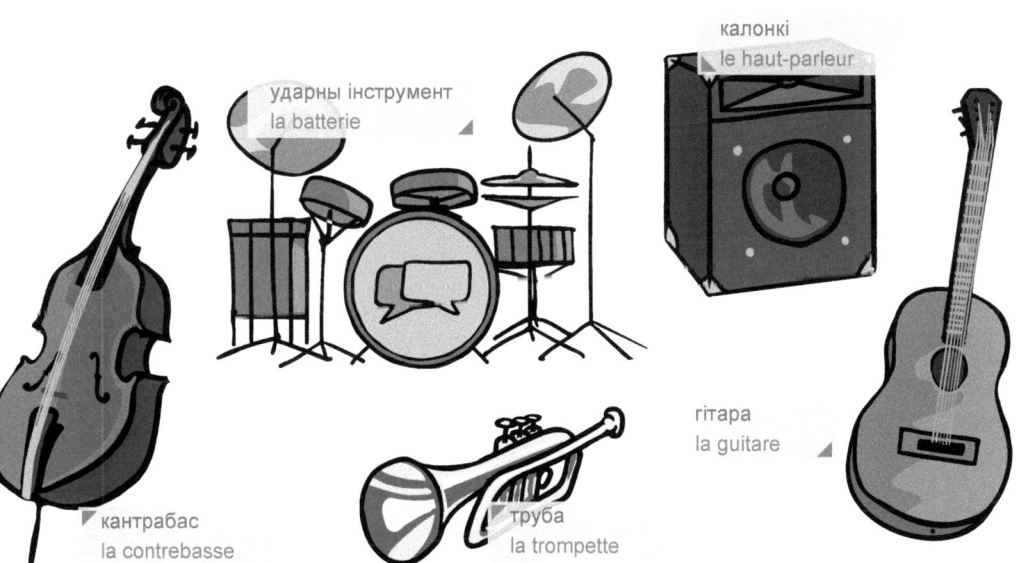

ударны інструмент
la batterie

калонкі
le haut-parleur

кантрабас
la contrebasse

труба
la trompette

гітара
la guitare

піяніна

le piano

скрыпка

le violon

басгітара

la basse

літаўры

les timbales

барабан

le tambour

клавішны электрамузычны інструмент

le synthétiseur

саксафон

le saxophone

флейта

la flûte

мікрафон

le microphone

музычныя інструменты - les instruments de musique

заапарк
le zoo

тыгр / le tigre

уваход / l'entrée

клетка / la cage

зебра / le zèbre

корм для жывёл / la nourriture pour animaux

панда / le panda

жывёлы

les animaux

слон

l'éléphant

кенгуру

le kangourou

насарог

le rhinocéros

гарыла

le gorille

мядзведзь

l'ours

вярблюд
le chameau

стравус
l'autruche

леў
le lion

малпа
le singe

фламінга
le flamand rose

папугай
le perroquet

белы мядзведзь
l'ours polaire

пінгвін
le pingouin

акула
le requin

паўлін
le paon

змяя
le serpent

кракадзіл
le crocodile

наглядчык заапарка
le gardien de zoo

цюлень
le phoque

ягуар
le jaguar

заапарк - le zoo

поні
le poney

леапард
le léopard

бегемот
l'hippopotame

жыраф
la girafe

арол
l'aigle

дзік
le sanglier

рыбак
le poisson

чарапаха
la tortue

морж
le morse

ліса
le renard

газель
la gazelle

заапарк - le zoo

спорт
les sports

амерыканскі футбол
le football américain

веласпорт
le cyclisme

тэніс
le tennis

баскетбол
le basketball

плаванне
la natation

бокс
la boxe

хакей з шайбай
le hockey sur glace

футбол
le soccer

бадмінтон
le badminton

лёгкая атлетыка
l'athlétisme

гандбол
le handball

горныя лыжы
le ski

пола
le polo

дзейнасць
les activités

скакаць / sauter

абдымаць / serrer dans les bras

смяяцца / rire

ісці / marcher

спяваць / chanter

маліцца / prier

цалаваць / embrasser

марыць / rêver

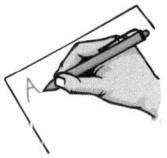

пісаць
écrire

маляваць
dessiner

паказваць
montrer

націснуць
pousser

даваць
donner

браць
prendre

маць
avoir

выконваць
faire

быць
être

стаяць
être debout

бегчы
courir

цягнуць
tirer

кідаць
jeter

падаць
tomber

ляжаць
s'allonger

чакаць
attendre

насіць
porter

сядзець
s'asseoir

апранацца
s'habiller

спаць
dormir

прачынацца
se réveiller

глядзець

regarder

плакаць

pleurer

лашчыць

caresser

прычэсвацца

peigner

гаварыць

parler

разумець

comprendre

пытаць

demander

чуць

écouter

піць

boire

есці

manger

прыбіраць

ranger

кахаць

aimer

гатаваць

cuisiner

ехаць

conduire

лятаць

voler

дзейнасць - les activités

плаваць пад ветразем
faire de la voile

лічыць
calculer

чытаць
lire

вучыць
apprendre

працаваць
travailler

уступаць у шлюб
se marier

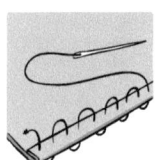
шыць
coudre

чысціць зубы
brosser les dents

забіваць
tuer

курыць
fumer

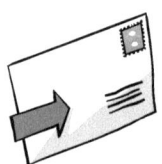
пасылаць
envoyer

сям'я
la famille

бабуля / la grand-mère
дзядуля / le grand-père
бацька / le père
маці / la mère
дзіця / le bébé
дачка / la fille
сын / le fils

госць

l'invité

цётка

la tante

дзядзька

l'oncle

брат

le frère

сястра

la sœur

цела
le corps

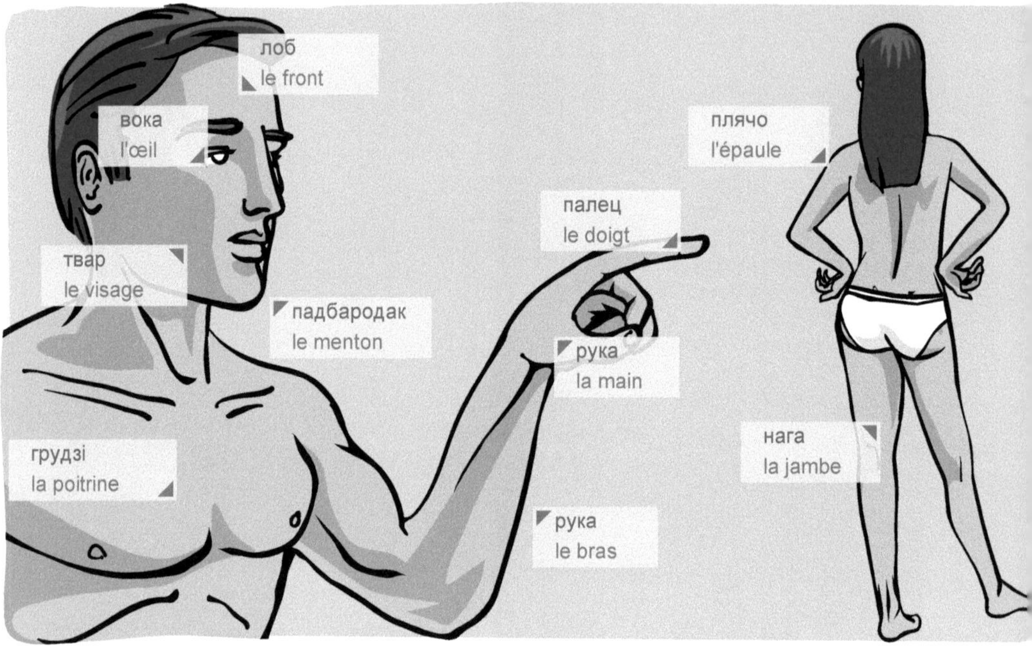

лоб / le front
вока / l'œil
твар / le visage
падбародак / le menton
грудзі / la poitrine
плячо / l'épaule
палец / le doigt
рука / la main
рука / le bras
нага / la jambe

дзіця

le bébé

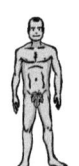

мужчына

l'homme

жанчына

la femme

дзяўчынка

la fille

хлопчык

le garçon

галава

la tête

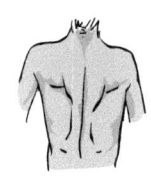

спіна

le dos

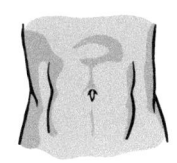

жывот

le ventre

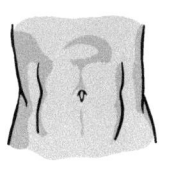

пуп

le nombril

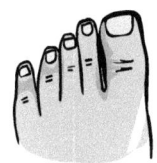

палец нагі

l'orteil

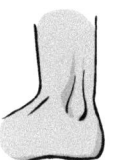

пятка

le talon

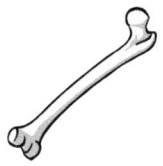

костка

l'os

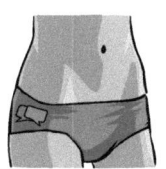

бядро

la hanche

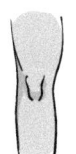

калена

le genou

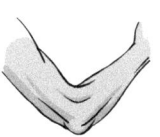

локаць

le coude

нос

le nez

ягадзіца

le derrière

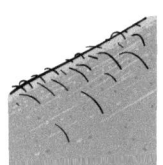

скура

la peau

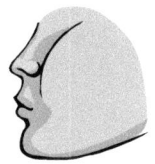

шчака

la joue

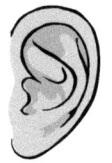

вуха

l'oreille

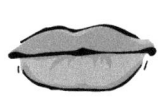

губа

la lèvre

цела - le corps

рот
la bouche

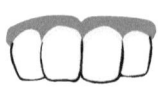

зуб
la dent

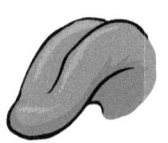

язык
la langue

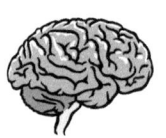

галаўны мозг
le cerveau

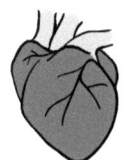

сэрца
le cœur

мышца
le muscle

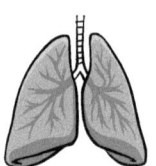

лёгкае
les poumons

пячонка
le foie

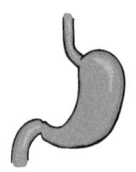

страўнік
l'estomac

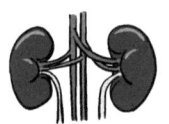

ныркі
les reins

сэкс
le rapport sexuel

прэзерватыў
le condom

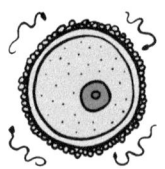

яйцаклетка
l'ovule

сперма
le sperme

цяжарнасць
la grossesse

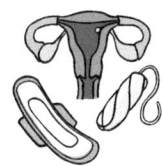

менструацыя
la menstruation

похва
le vagin

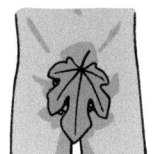

пеніс
le pénis

брыво
le sourcil

валасы
les cheveux

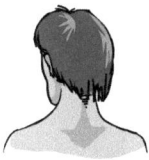

шыя
le cou

шпіталь
l'hôpital

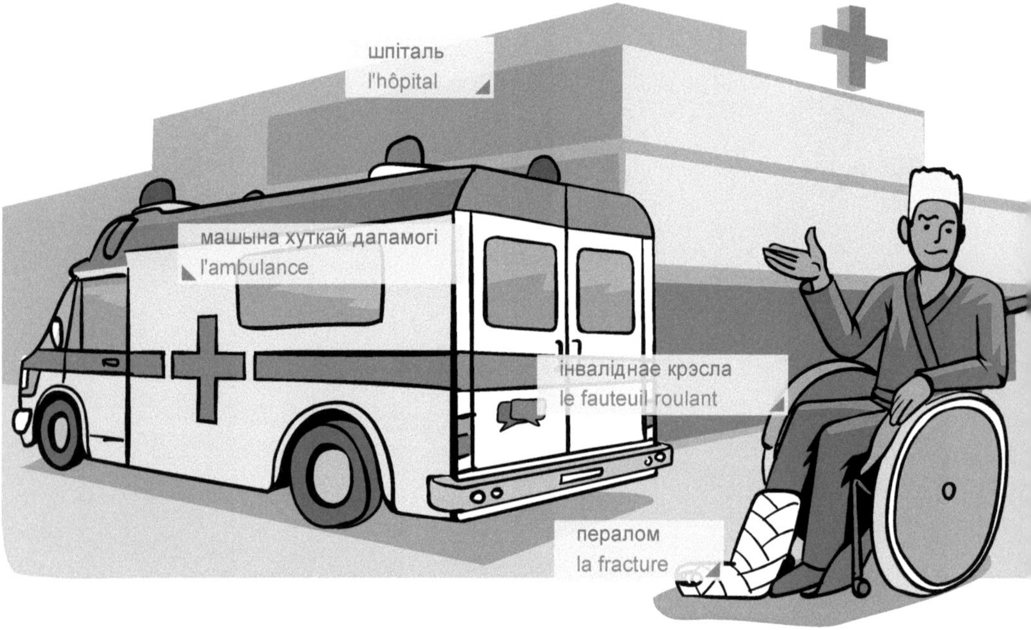

шпіталь
l'hôpital

машына хуткай дапамогі
l'ambulance

інвалідная крэсла
le fauteuil roulant

пералом
la fracture

доктар
le docteur

аддзяленне першай дапамогі
la salle des urgences

медсястра
l'infirmier

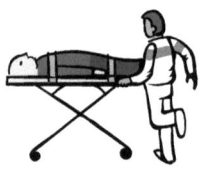

экстраная дапамога
l'urgence

непрытомны
inconscient

боль
la douleur

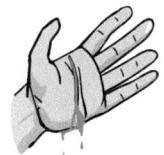
траўма
la blessure

крывацёк
le saignement

інфаркт
la crise cardiaque

апаплексія
l'AVC

алергія
l'allergie

кашаль
la toux

гарачка
la fièvre

грып
la grippe

панос
la diarrhée

галаўны боль
le mal de tête

рак
le cancer

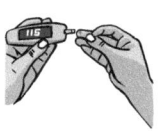
дыябет
le diabète

хірург
le chirurgien

скальпель
le scalpel

аперацыя
l'opération

шпіталь - l'hôpital

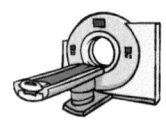
КТ
la tomodensitométrie

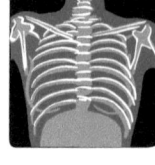
рэнтген
la radiographie

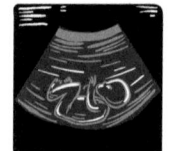
ультрагук
l'ultrason

маска
le masque

хвароба
la maladie

пачакальня
la salle d'attente

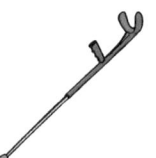
мыліца
la béquille

пластыр
le sparadrap

бінт
le bandage

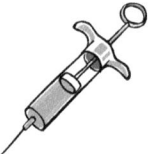
ін'екцыя
l'injection

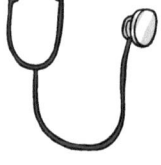
стэтаскоп
le stéthoscope

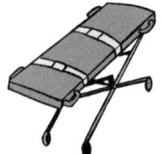
насілкі
le brancard

градуснік
le thermomètre médical

нараджэнне
l'accouchement

лішняя вага
l'excès de poids

шпіталь - l'hôpital

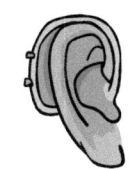
слухавы апарат
l'appareil auditif

дэзінфекцыйны сродак
le désinfectant

інфекцыя
l'infection

вірус
le virus

ВІЧ/СНІД
le VIH/ le sida

лекі
le médicament

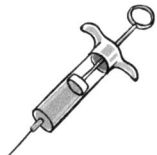
прышчэпка
la vaccination

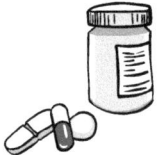
таблеткі
les comprimés

супрацьзачаткавая таблетка
la pilule

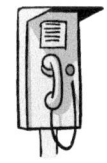
экстраны выклік
l'appel d'urgence

танометр
le tensiomètre

хворы / здаровы
malade / en bonne santé

шпіталь - l'hôpital

экстраная дапамога
l'urgence

Ратуйце!
Au secours !

сігналізацыя
l'alarme

напад
l'assaut

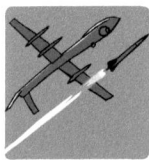
атака
l'attaque

небяспека
le danger

аварыйны выхад
la sortie de secours

вогнетушыцель
l'extincteur

Пажар!
Au feu!

аварыя
l'accident

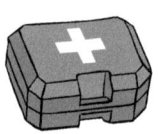
аптэчка
la trousse de premiers soins

СОС
SOS

паліцыя
la police

Зямля
la Terre

Еўропа

l'Europe

Паўночная Амерыка

l'Amérique du Nord

Паўднёвая Амерыка

l'Amérique du Sud

Афрыка

l'Afrique

Азія

l'Asie

Аўстралія

l'Australie

Атлантычны акіян

l'océan Atlantique

Ціхі акіян

l'océan Pacifique

Індыйскі акіян

l'océan Indien

Паўднёвы ледавіты акіян

l'océan Antarctique

Паўночны ледавіты акіян

l'océan Arctique

Паўночны полюс

le Pôle Nord

Паўднёвы полюс
le Pôle Sud

Антарктыда
l'Antarctique

Зямля
la Terre

краіна
la terre

мора
la mer

востраў
l'île

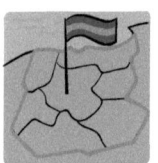
нацыя
la nation

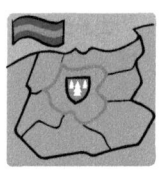
дзяржава
l'État

гадзіннік
l'heure

цыферблат

le cadran

гадзінная стрэлка

l'aiguille des heures

хвілінная стрэлка

l'aiguille des minutes

секундная стрэлка

l'aiguille des secondes

Колькі часу?

Quelle heure est-il ?

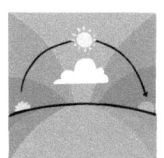

дзень

le jour

час

le temps

зараз

maintenant

электронны гадзіннік

la montre à affichage numérique

хвіліна

la minute

гадзіна

l'heure

тыдзень
la semaine

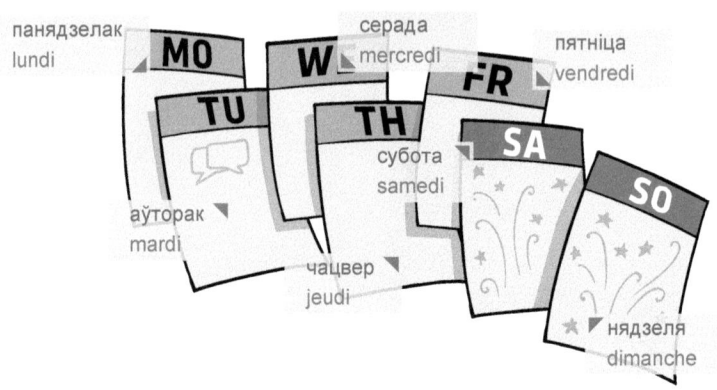

панядзелак / lundi
серада / mercredi
пятніца / vendredi
аўторак / mardi
субота / samedi
чацвер / jeudi
нядзеля / dimanche

ўчора
hier

сёння
aujourd'hui

заўтра
demain

раніца
le matin

абед
le midi

вечар
le soir

працоўныя дні
les jours ouvrables

выхадныя
la fin de semaine

год
l'année

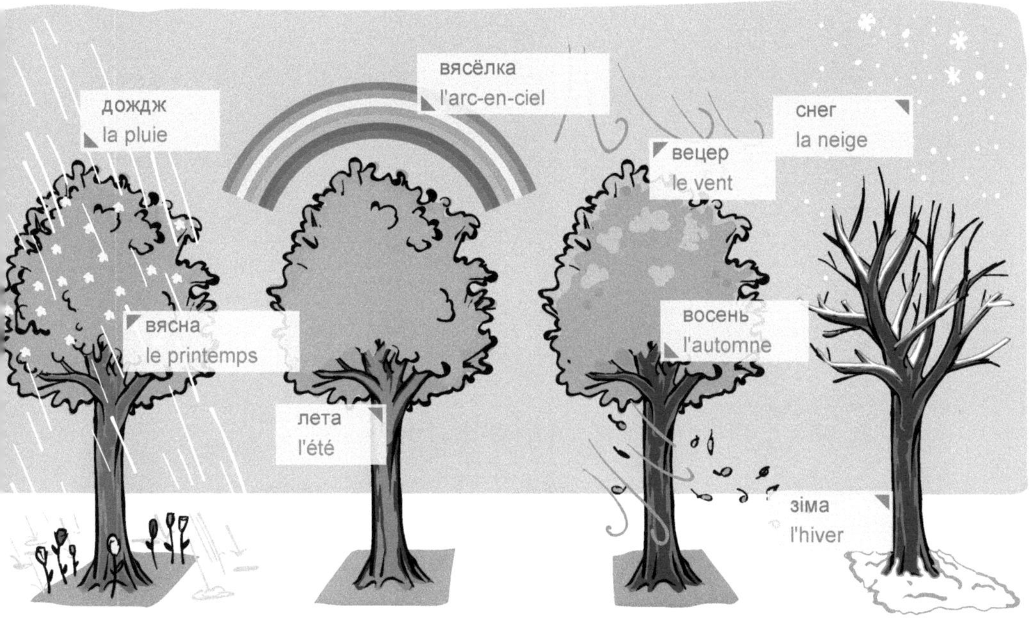

дождж — la pluie
вясёлка — l'arc-en-ciel
снег — la neige
вецер — le vent
вясна — le printemps
лета — l'été
восень — l'automne
зіма — l'hiver

прагноз надвор'я

les prévisions météorologiques

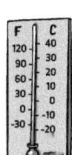

градуснік

le thermomètre

сонечнае святло

les rayons du soleil

воблака

le nuage

туман

le brouillard

вільготнасць паветра

l'humidité

маланка
la foudre

гром
le tonnerre

бура
la tempête

град
la grêle

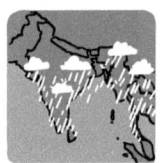

мусонны вецер
la mousson

прыліў
l'inondation

лёд
la glace

студзень
janvier

люты
février

сакавік
mars

красавік
avril

май
mai

чэрвень
juin

ліпень
juillet

жнівень
août

год - l'année

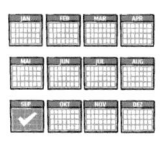

верасень

septembre

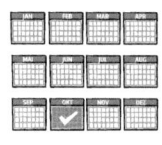

кастрычнік

octobre

лістапад

novembre

снежань

décembre

формы
les formes

круг

le cercle

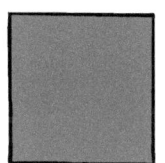

квадрат

le carré

прамавугольнік

le rectangle

трохвугольнік

le triangle

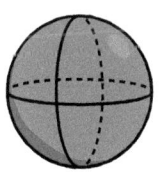

шар

la sphère

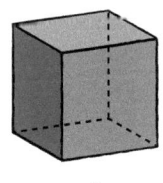

куб

le cube

колеры
les couleurs

белы

blanc

жоўты

jaune

аранжавы

orange

ружовы

rose

чырвоны

rouge

фіялетавы

violet

сіні

bleu

зялёны

vert

карычневы

marron

шэры

gris

чорны

noir

супрацьлегласці
les opposés

шмат / мала

beaucoup / un peu

злы / добры

en colère / calme

прыгожы / брыдкі

beau / laid

пачатак / канец

le début / la fin

высокі / малы

grand / petit

светлы / цёмны

lumineux / sombre

сястра / брат

le frère / la sœur

чысты / брудны

propre / sale

поўны / няпоўны

complet / incomplet

дзень / ноч

le jour / la nuit

мёртвы / жывы

mort / vivant

шырокі / вузкі

large / étroit

ядомы / неядомы

comestible / non comestible

злы / добры

méchant / gentil

узбуджаны / нудны

être enthousiaste / s'ennuyer

тоўсты / тонкі

gros / mince

першы / апошні

le premier / le dernier

сябар / вораг

l'ami / l'ennemi

поўны / пусты

plein / vide

цвёрды / мяккі

dur / mou

важкі / лёгкі

lourd / léger

голад / смага

faim / soif

хворы / здаровы

malade / en bonne santé

нелегальны / легальны

illégal / légal

разумны / дурны

intelligent / stupide

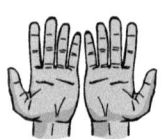

левы / правы

gauche / droite

побач / далёка

proche / loin

супрацьлегласці - les opposés

новы / былы ва ўжыванні

neuf / usagé

нічога / нешта

rien / quelque chose

стары / малады

vieux / jeune

укл / выкл

marche / arrêt

адчынены / зачынены

ouvert / fermé

ціхі / гучны

calme / bruyant

багаты / бедны

riche / pauvre

правільна / няправільна

correct / incorrect

шурпаты / гладкі

rugueux / lisse

сумны / шчаслівы

triste / heureux

кароткі / доўгі

court / long

павольны / хуткі

lent / rapide

вільготны / сухі

mouillé / sec

цёплы / халаднаваты

chaud / froid

вайна / мір

la guerre / la paix

супрацьлегласці - les opposés

лічбы
les nombres

0
нуль
zéro

1
адзін
un

2
два
deux

3
тры
trois

4
чатыры
quatre

5
пяць
cinq

6
шэсць
six

7
сем
sept

8
восем
huit

9
дзевяць
neuf

10
дзесяць
dix

11
адзінаццаць
onze

12
дванаццаць
douze

13
трынаццаць
treize

14
чатырнаццаць
quatorze

15
пятнаццаць
quinze

16
шаснаццаць
seize

17
сямнаццаць
dix-sept

18
васямнаццаць
dix-huit

19
дзевятнаццаць
dix-neuf

20
дваццаць
vingt

100
сто
cent

1.000
тысяча
mille

1.000.000
мільён
le million

лічбы - les nombres

МОВЫ
les langues

англійская

l'anglais

англійская (Амерыка)

l'anglais américain

кітайская мандарынская

le chinois mandarin

хіндзі

le hindi

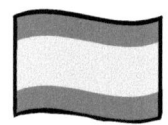

іспанская

l'espagnol

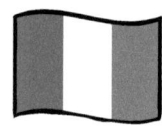

французская

le français

арабская

l'arabe

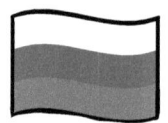

руская

le russe

партугальская

le portugais

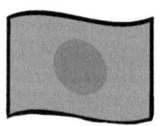

бенгальская

le bengali

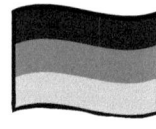

нямецкая

l'allemand

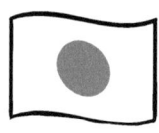

японская

le japonais

хто / што / як
qui / quoi / comment

я
je

ты
tu

ён / яна / яно
il / elle / ce, c', cela

мы
nous

вы
vous

яны
ils / elles

хто?
qui ?

што?
quoi ?

як?
comment ?

дзе?
où ?

калі?
quand ?

імя
le nom

дзе
où

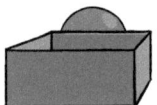

за
derrière

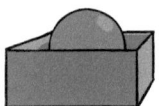

у
dans

перад
devant

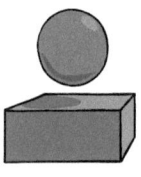

над
au-dessus

на
sur

пад
en dessous

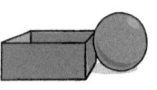

каля
à côté de

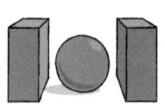

паміж
entre

месца
l'endroit